Risiko- und Schutzfaktoren psychischer Störungen. Grundlagen der klinischen Psychologie

Madeleine Hartleff

Bibliografische Information der Deutschen Nationalbibliothek:

Die Deutsche Nationalbibliothek verzeichnet diese Publikation in der Deutschen Nationalbibliografie; detaillierte bibliografische Daten sind im Internet über http://dnb.d-nb.de abrufbar.

ISBN: 9783346287885
Dieses Buch ist auch als E-Book erhältlich.

Druck und Bindung: Books on Demand GmbH, Norderstedt Germany
Gedruckt auf säurefreiem Papier aus verantwortungsvollen Quellen

Das vorliegende Werk wurde sorgfältig erarbeitet. Dennoch übernehmen Autoren und Verlag für die Richtigkeit von Angaben, Hinweisen, Links und Ratschlägen sowie eventuelle Druckfehler keine Haftung.

Das Buch bei GRIN: https://www.grin.com/document/947195

Einsendeaufgabe

im Studiengang Psychologie (B. Sc.)

im Fach Klinische Psychologie I (Grundlagen)

an der

SRH Fernhochschule – The Mobile University, Riedlingen

Verfasserin: **Madeleine Hartleff**

Inhaltsverzeichnis

Abkürzungsverzeichnis

DSM	Diagnostisches und Statistisches Manual Psychischer Störungen
ICD	Internationale Klassifikation der Krankheiten
ICD-10	Internationale Klassifikation der Krankheiten in der 10. Revision
IDCL	Internationale Diagnosen Checklisten für ICD-10
LAST	Lübecker Alkoholabhängigkeits- und -missbrauchs-Screening Test
SCL	ICD-10 Symptom Checkliste für psychische Störungen
SESA	Skala zur Erfassung der Schwere der Alkoholabhängigkeit

Abbildungsverzeichnis

Tabellenverzeichnis

Aufgabenstellung

Die Aufgabenstellung wurde aus urheberrechtlichen Gründen durch das Lektorat entfernt.

1 Risiko- und Schutzfaktoren psychischer Störungen

Die Forschung rund um die klinische Psychologie konnte bis heute nicht eindeutig die Frage beantworten, warum manche Personen an einer psychischen Störung erkranken und andere mit gleichen Umständen nicht. Die Gründe dafür sind vielfältig und liegen in den persönlichen Risiko- und Schutzfaktoren einer Person (Heinrichs & Lohaus, 2011, S. 19). Risikofaktoren werden aus den destabilisierenden Bestandteilen hervorgebracht und stabilisierende Umstände gestalten die Schutzfaktoren (protektive Faktoren) (Oerter, Altgassen & Kliegel, 2011, S. 302). Im folgenden Text werden die Faktoren unter Bezugnahme von empirischen Befunden erläutert.

1.1 Risikofaktoren für die Entstehung psychischer Störungen

Nach Wittchen und Jacobi (2011) wird der Begriff Risikofaktor in der epidemiologischen Forschung als ein Faktor bzw. eine Variable angesehen, die die Einflusswahrscheinlichkeit einer Erkrankung beeinflusst (S. 63). Kraemer und Co-Autoren (1997) beschreiben das Konstrukt Risikofaktor in ihrer Arbeit etwas genauer. Laut diesen Wissenschaftlern ist ein Risikofaktor eine messbare Charakterisierung einer Gegebenheit in einer definierten Population, die dem Ergebnis (Outcome) des Interesses vorausgeht (Kraemer et al., 1997, S. 388), also ein innerer (personenbezogener) oder äußerer (umgebungsbezogener) Einfluss, der der psychischen Störung vorausgeht. Die äußeren Risikofaktoren können weiter in distale und proximale Risikofaktoren differenziert werden. Distale Risikofaktoren (z. B. unvorteilhafte Lebens- und Arbeitsbedingungen) wirken sich nicht direkt auf die Entwicklung des Kindes aus, aber können trotzdem einen Einfluss haben. Hingegen haben die proximalen Risikofaktoren (z. B. schlechte soziale Beziehungen) in der Regel einen direkten Einfluss auf den Entwicklungsablauf (Petermann, 2018, S. 98–99). Weiterhin schreiben Kraemer und Kollegen (1997), dass diese messbare Charakterisierung dazu verwendet werden kann, die Population in zwei Gruppen einzuteilen. Die zwei Gruppen, Hoch- und Niedrig-Risikogruppe, ergeben zusammen die gesamte Population, jedoch muss das Outcome bei der Hoch-Risikogruppe mit einer deutlich höheren Wahrscheinlichkeit eintreten. Weiterhin definieren die Forscher, dass das Ergebnis mit einer gewissen Stärke auftreten muss, damit in einer großen Stichprobe nicht jedes Ereignis als Risikofaktor eingestuft wird (Kraemer et al., 1997, S. 388).

Für die klinisch-psychologische und die psychiatrische Forschung empfehlen Kraemer und Kollegen (1997) verschiedene Risikofaktoren und Outcomes zu trennen. Es wird empfohlen, (1) die Risikofaktoren für das Erstauftreten bzw. den Beginn einer Störung, (2) die Risikofaktoren für die Remission einer Störung und (3) die Risikofaktoren für den Rückfall nach einer Remission zu unterscheiden (Kraemer et al., 1997, S. 339).

Nach Heinrichs und Lohaus (2011) können Risikofaktoren anhand des Entwicklungsverlaufs eines Menschen, beginnend mit der Zeugung, betrachtet werden. In diesem Blickwinkel werden die Risikofaktoren in pränatale, perinatale und postnatale Risikofaktoren eingeteilt. Zu den pränatalen Risikofaktoren zählen neben genetischen Defekten sogenannte Teratogene. Unter Teratogene versteht die Wissenschaft schädliche äußere Einflüsse, die durch die Mutter auf das Kind übertragen werden, wie zum Beispiel Alkohol, Drogen, Medikamente, Umweltgift, aber auch Infektionskrankheiten, wie HIV. Perinatale Risikofaktoren beziehen sich auf Ereignisse, die während der Geburt stattfinden. Hierunter fallen die Frühgeburt und Geburtskomplikationen. Bei den Geburtskomplikationen sind insbesondere ein Sauerstoffmangel zu nennen, der zu Hirnschädigungen in unterschiedlichem Ausmaß führen kann. Die postnatalen Risikofaktoren beziehen sich auf die Entwicklung des Kindes nach der Geburt. Es werden an dieser Stelle vor allem psychosoziale Einflüsse betrachtet (Heinrichs & Lohaus, 2011, S. 19–22).

Eine weitere Unterscheidung nimmt Petermann (2018) vor. Petermann unterscheidet zwischen bezeichnenden Charakteristika (z. B. Frühgeburt, psychische Störung bei der Mutter), individuellen Erfahrungen (z. B. körperliche Beeinträchtigung, sozialer Zurückgezogenheit, Substanzmissbrauch) und tiefgreifenden Vorfällen (z. B. Tod einer Bezugsperson, schwere körperliche Beeinträchtigung) als Risikofaktor (Petermann, 2018, S. 97–98).

Einer der am frühesten entdeckten Risikofaktoren ist das Temperament (Petermann, 2018, S. 98). Nach Berk (2005) kann das Temperament eines Kindes bereits im Säuglingsalter erkannt werden. Grundsätzlich kann das Temperament in drei Cluster eingeteilt werden: (1) das pflegeleichte Kind, (2) das schwierige Kind und (3) das nur langsam aktiv werdende Kind (Berk, 2005, S. 244–245). Kinder, die eher ängstlich und zurückhaltend in sozialen Interaktionen sind, haben nach einer Meta-Analyse von Clauss und Blackford (2012) ein siebenfach höheres Risiko an einer sozialen Angststörung zu erkranken, als Kinder, die eine andere Temperamentsausprägung besitzen (S. 1072–1073). In einer Studie von Forbes, Rapee, Camberis und McMahon (2017) wurde ebenfalls zu Temperament als Risikofaktor geforscht. Die Wissenschaftler fanden heraus, dass die weiter oben genannten Cluster des Temperaments einen Einfluss auf psychische Störungen, wie Depression, Angstzustände, Verhaltensstörungen und ADHS-Symptomen im Kindes- und Jugendalter unterschiedlich vorhersagten (Forbes et al., 2017, S. 1229).

In den Isle of Wight Studien (Rutter, Tizard, Yule, Graham & Whitemore, 1976) aus den Jahren 1964-1974 konnte bereits zu Beginn festgestellt werden, dass Kinder, bei denen es zu Geburtskomplikationen kam, im Alter von acht bis zehn Jahren zu intellektuellen Verzögerungen unter anderem beim Lesen und Schreiben kommt. Des Weiteren war diese Beeinträchtigung häufig bei Kindern aus ärmeren Verhältnissen zu beobachten. Bei Kindern mit einer intellektuellen Verzögerung konnte außerdem ein gehäuft klinisch signifikantes asoziales Verhalten festgestellt werden, ebenso wie emotionale Störungen und Verhaltensstörungen (Rutter et al., 1976, S. 313–314).

1.2 Schutzfaktoren für die Entstehung psychischer Störungen

Neben Risikofaktoren bestehen auch Schutzfaktoren. Laut Petermann (2018) bilden sich Schutzfaktoren ähnlich aus, wie die Risikofaktoren. Damit von Schutzfaktoren gesprochen werden kann, müssen diese ebenfalls bereits vor dem Eintreten einer psychischen Störung vorhanden sein (Petermann, 2018, S. 100). Da Schutzfaktoren erst beim Hervortreten von Risikofaktoren angeschaltet werden, gelten Schutzfaktoren in ihrem Effekt abschwächend auf den Risikofaktor (Heinrichs & Lohaus, 2011, S. 24; Petermann, 2018, S. 100). Heinrichs und Lohaus (2011) beschreiben die Wirkung des Schutzfaktors auf den Risikofaktor als einen sogenannten Puffereffekt (S. 24).

Wie auch bei den Risikofaktoren können die protektiven Faktoren in innere und äußere Faktoren gegliedert werden (Oerter et al., 2011, S. 303). Zu den inneren Schutzfaktoren werden zum Beispiel eine überdurchschnittliche Intelligenz oder ein günstiges Temperament gezählt, aber auch eine gute Problemlösefähigkeit, eine hohe Selbstwirksamkeit und eine gute Anpassungsfähigkeit (Khanlou & Wray, 2014; Masten, Cutuli & Gabrielle-Reed, 2009; beide zitiert nach Martin & Schieber, 2016, S. 61; Petermann, 2018, S. 100). Die äußeren Schutzfaktoren teilen sich, entsprechend nach Oerter und Co-Autoren (2011), in distale Randbedingungen und proximale Beziehungseinflüsse auf (S. 303). Nach Röper (2004) zählen zu den distalen Randbedingungen unter anderem das Wohnumfeld und der sozioökonomische Status der Familie, aber auch Dinge, wie das Beschäftigungsverhältnis und der Gesundheitszustand der Eltern. Der Übergang zu den proximalen Beziehungseinflüssen ist dabei recht fließend, da der Gesundheitszustand eines Elternteils natürlich auch einen direkten Einfluss auf die Eltern-Kind-Interaktion hat. Darunter fällt zum Beispiel die direkte Erfahrung des Erziehungsstils des Elternteils, den das Kind direkt spürt (Röper, 2004, S. 240).

Wie die Risikofaktoren können Schutzfaktoren ebenfalls in unterschiedliche Merkmale untergliedert werden. Dazu gehören, nach Noeker und Petermann (2008), individuelle Merkmale eines Kindes (z. B. hohe Selbstwirksamkeit, günstiges Temperament, gute Emotionsregulation), Merkmale, die sich auf die familiäre Umgebung beziehen (z. B. wenige Konflikte innerhalb der Familie, das kann zwischen den Eltern sein, aber ebenso zwischen den Geschwisterkindern, ein sich positiv auswirkender Erziehungsstil der Eltern, finanzielle Absicherung), netzwerkbezogene Merkmale (z. B. gute Beziehungen zu gleichaltrigen und erwachsenen Bezugspersonen außerhalb der Familie, Zugang zu Freizeitaktivität, wie Sport oder Kultur) und kulturell-gesellschaftliche Merkmale (z. B. Anerkennung von Kinderrechten, keine Gewalt gegen Kinder) (S. 258).

Die Lundby-Studie von Cederblad, Hagnell & Hansson (1994) untersuchte zu drei unterschiedlichen Zeitpunkten die Ursache für Gesundheit und konzentrierte sich dabei auf Faktoren, die für eine gute psychische Gesundheit bei den Probanden sprachen. Die Probanden waren während ihrer Kindheit mindestens drei verschiedenen Risikofaktoren ausgesetzt. Im Alter von 42 bis 56 Jahren wurden diese im Rahmen der dritten Welle zu ihren Lebenserfahrungen befragt, um Faktoren identifizieren zu können, die die Stressresistenz von Kindern und Jugendlichen erhöhen können (Cederblad et al., 1994, S. 1). Dabei wurden in der Längsschnitt- und Querschnittstudie mehrere Schutzfaktoren gefunden, die in individuelle Dispositionen und Umweltfaktoren aufgeteilt wurden (Cederblad, Dahlin, Hagnell & Hansson, 1995, S. 11). Nach Cederblad und Co-Autoren (1994) zählen zu den individuellen Schutzfaktoren ein positives Selbstwertgefühl in der Kindheit, Erfolgserfüllung sowie intellektuelle Kapazität. Faktoren, die der Umwelt zurechenbar sind bzw. in der Familie vorkamen, sind das Vertrauen in die Beziehung zu einem Elternteil und gemeinsame Werte in der Familie (Cederblad et al., 1994, S. 1).

In einem ähnlichen Zeitraum wurde durch die Wissenschaftlerin Werner auf der hawaiianischen Insel Kauai ebenfalls eine Längsschnittstudie zu dieser Thematik durchgeführt. Werner (1993) hat alle Babys aus dem Jahr 1955, die auf der hawaiianischen Insel Kauai geboren wurden, von der Geburt bis zum Alter von 32 Jahren verfolgt (S. 503). Zu Beginn der Studie wurden die Risikofaktoren der einzelnen Kinder erhoben (Werner & Smith,

1977; zitiert nach Werner, 1993, S. 503). Anschließend wurde untersucht, welche Schutz-faktoren die Kinder haben (Werner, 1993, S. 503).

Insgesamt wurden 201 Kinder in die Hochrisiko-Gruppe eingestuft, weil sie in Armut geboren wurden, mäßigen bis schweren Stress in der Schwangerschaft erlebt haben und in einem familiären Umfeld lebten, in dem es Zwietracht, Scheidung, elterlichen Alkoho-lismus oder psychische Erkrankungen gab (Werner, 1996, S. 47–48). Werner (1996) schreibt, dass es jedoch bei diesen Kindern aus der Hochrisiko-Gruppe auch 72 Kinder gab, die all diese Probleme nicht entwickelten und bis ins junge Erwachsenenalter keine Lern- oder Verhaltensprobleme aufwiesen. Es konnte festgestellt werden, dass diese 72 Kinder bereits im Säuglingsalter bei anderen Familienmitgliedern wie auch bei fremden Personen positive Aufmerksamkeit erregt haben. Im Alter von einem Jahr wurden sie häufig von ihren Betreuern als sehr aktiv beschrieben. Die Mädchen wurden als liebevoll und kuschelbedürftig bezeichnet, die Jungs eher als gutmütig und leicht zu handhaben. Im Gegensatz zu den anderen Kindern der Hochrisiko-Gruppe hatten diese Kinder ein Ess- und Schlafverhalten, was die Eltern weniger belastete (Werner, 1996, S. 48).

Werner (1996) beschreibt weiterhin, dass diese Kinder im Kleinkindalter der Welt mit ihren eigenen Bedingungen entgegentraten und dabei wachsam und autonom reagierten. Weiterhin konnte festgestellt werden, dass die Kleinkinder in Bezug auf die Kommuni-kation, die Fortbewegung und die Selbsthilfe deutlich vorgeschrittener waren, als die an-deren Kinder der Hochrisiko-Gruppe. Im Alter von zehn Jahren berichteten die Lehrer, dass diese Gruppe von Kindern nicht übermäßig begabt ist, aber sich zu helfen weiß und einen sozialen Umgang mit den Klassenkammeraden hatten. Außerdem hatten die Kinder mit den ausgeprägten Schutzfaktoren viele Interessen und beschäftigten sich mit ge-schlechtsspezifischen Aktivitäten (Werner, 1996, S. 48).

Ebenfalls konnte durch die Wissenschaftler festgestellt werden, dass die Kinder in den ersten Jahren eine gute Beziehung zu einen ihrer „Pflegekräfte" aufbauen konnten, von der sie im Säuglingsalter positive Aufmerksamkeit erfahren haben. Weiterhin fanden diese Kinder aber auch außerhalb ihrer eigenen Familie Bezugspersonen, die ihnen emo-tional beistanden (Werner, 1996, S. 48). Wie zu lesen ist, konnten mithilfe der Kauai-Studie einige Schutzfaktoren aufgedeckt werden.

Abschließend ist zu sagen, dass die Bewertung eines Risiko- oder Schutzfaktors immer davon abhängig ist, in welcher Situation sich eine Person gerade befindet und welche Entwicklungsaufgaben diese Person gerade zu bewältigen hat (Petermann, 2018, S. 100).

2 Soziale Unterstützung und dysfunktionale Kognitionen und deren Verbindung zu psychischen Störungen

In der vorherigen Teilaufgabe ging es unter anderem um Schutzfaktoren und deren Bedeutung für die Entstehung von psychischen Störungen. In diesem Teil der Arbeit wird auf eine besondere Form der Schutzfaktoren eingegangen, die soziale Unterstützung. Es gibt im Leben eines Menschen viele Stressoren, bei der eine Unterstützung von außen hilfreich sein kann. Der schlimmste Fall ist vermutlich der Tod des eigenen Kindes oder des Ehepartners. Es gibt jedoch auch andere belastende Situationen, die eine psychische Störung begünstigen können, oder dazu führen, dass eine bestehende psychische Störung aufrechterhalten bleibt.

Ein zweiter Punkt in dieser Aufgabe ist die Bedeutung von dysfunktionalen Kognitionen für die Entstehung und Aufrechterhaltung von psychischen Störungen. Hierbei geht es um Risikofaktoren, die innen liegend sind. Explizit sind hier das Grübeln und sich Sorgen zu nennen. Dieses Thema wird im zweiten Teil dieser Aufgabe besprochen.

2.1 Einfluss sozialer Unterstützung auf die Entstehung und Aufrechterhaltung psychischer Störungen

Das Konstrukt der sozialen Unterstützung wird je nach Konzept unterschiedlich definiert (Jäger & Franke, 2010, S. 428). Als Grundlagen dienen unter anderem die Bindungstheorie, die Bedürfnis- und Ressourcentheorien und die Stress- und Bewältigungstheorien (Laireiter, 1993, S. 25). Im Weiteren Sinne wird unter sozialer Unterstützung eine Menge an sozialen Begebenheiten, wie zum Beispiel das soziale Netzwerk oder die soziale Integrität, verstanden (Knoll, Scholz & Rieckmann, 2017, S. 140). Im engeren Sinne wird die soziale Unterstützung, als eine qualitative Betrachtungsweise einer Unterstützungssituation zwischen einem Menschen der Hilfe anbietet und einer Person, die Hilfe empfängt betrachtet (Kienle, Knoll & Renneberg, 2006, S. 108).

Nach der Definition von Cobb (1976) besteht die soziale Unterstützung aus verschiedenen Informationen. Zum einen haben die Menschen die Überzeugung, von anderen gepflegt und geliebt zu werden, weiterhin werden sie geachtet und geschätzt. Im dritten Punkt steht, dass die Menschen einem Netzwerk angehören, das miteinander kommuniziert und sich unterstützt (Cobb, 1976, S. 300).

Schwarzer (2004) unterscheidet in seiner Definition die wahrgenommene Unterstützung von der erhaltenen Unterstützung. Die wahrgenommene Unterstützung ist demnach ein kognitiver Ansatz. Hingegen zeigt der Ansatz der erhaltenen Unterstützung die tatsächliche Unterstützung an, die eine hilfsbedürftige Person erfahren hat. Dabei geht es um die Häufigkeit und die Wirksamkeit der erhaltenen Unterstützung (Schwarzer, 2004, S. 177).

Wie aus den Definitionen bereits hervorgeht, ist die soziale Unterstützung vielschichtig. Laireiter (1993) beschreibt deshalb die soziale Unterstützung als ein mehrdimensionales Konstrukt. Nach Niemann (2019) greifen die meisten Autoren auf die Klassifikationen von Unterstützungsformen nach House (1981) zurück (Niemann, 2019, S. 58). So auch Kienle und Co-Autoren (2006, S. 108) sowie Schwarzer (2004, S. 178), die sich auf die drei wichtigsten Dimensionen beziehen: emotionale Unterstützung (Trost, Wärme, Zuspruch), instrumentelle Unterstützung (Erledigung alltäglicher Aufgaben, Besorgungen) und informelle Unterstützung (hilfreiche Ratschläge, Bewältigungsangebote). Knoll und Kollegen (2017) erweitern diese Dimensionen noch um die Bewertungsunterstützung (Kommunikation über den Gehalt der Unterstützung) und das Kriterium der Zufriedenheit mit der Unterstützung (S. 143).

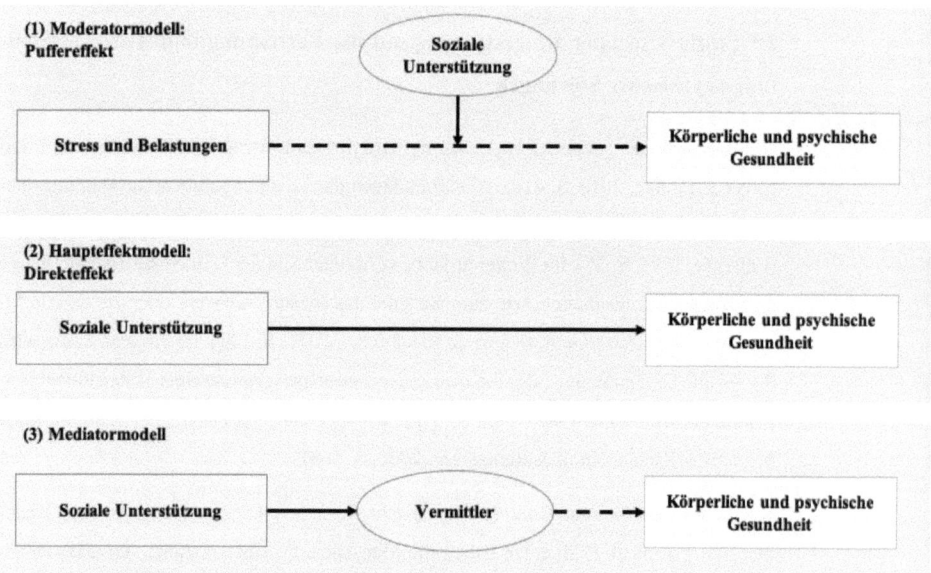

Abbildung 1: Wirkung sozialer Unterstützung

(Quelle: Eigene Darstellung in Anlehnung an Kienle et al., 2006, S. 115)

Wie nun die soziale Unterstützung auf die Gesundheit einer Person wirkt, wird mit verschiedenen Modellen und empirischen Befunden erklärt. Laut Kienle und Kollegen (2006) können drei verschiedene Modelle voneinander unterschieden werden: (S. 114): (1) Moderatormodell, (2) Haupteffektmodell und (3) Mediatormodell. Die drei Modelle werden in der Abbildung 1 dargestellt und im nachfolgenden Text erläutert.

Nach Petermann und Stangier (2018) beschreibt das Moderatormodell oder die Pufferhypothese, dass Menschen in Konstellationen mit hoher Belastung die Unterstützung von anderen Personen benötigen. Dies führt zu einer Verminderung von negativen Folgen des erfahrenen Stresses oder bietet gar einen Schutz vor diesen negativen Folgen. Der Grund hierfür liegt darin, dass Individuen diese Stress auslösenden Situationen als weniger belastend empfinden und die soziale Unterstützung hilft, die Ereignisse besser zu verarbeiten (Petermann & Stangier, 2018, S. 56). Die empirische Lage zu diesem Modell ist jedoch recht heterogen (Kienle et al., 2006, S. 115).

Saltzman und Holahan (2002) untersuchten den Zusammenhang zwischen sozialer Unterstützung und psychologischer Anpassung. In der Studie wurden 300 Studierende über einen Zeitraum von fünf Wochen zu mehreren Zeitpunkten getestet. In der Studie konnte gezeigt werden, dass soziale Unterstützung von Eltern und Gleichaltrigen mit verminderten depressiven Symptomen einhergeht und teilweise die Selbstwirksamkeit durch adaptiven Bewältigungsstrategien gestärkt wird (Saltzman & Holahan, 2002, S. 309, 318).

In einer Studie über Nachbarschaftsprobleme und deren Auswirkungen auf die Gesundheit konnten Schieman und Meersman (2004) unterschiede in den Geschlechtern zeigen. Bei Männern wirkt sich die soziale Unterstützung positiv auf die Wahrnehmung von Ärger aus. Bei Frauen fördert die soziale Unterstützung den Ärger zwischen den Nachbarn hingegen (Schieman & Meersman, 2004, S. 89).

Bei dem Haupteffektmodell wird, entsprechend nach Kienle und Co-Autoren (2006), davon ausgegangen, dass bereits das Wissen um soziale Unterstützung eine positive Auswirkung auf die psychische Gesundheit einer Person hat. Nach diesem Modell ist es nicht notwendig, dass erst ein Stressor oder eine starke Belastung vorliegt, wie dies bei dem Moderatormodell der Fall ist (Kienle et al., 2006, S. 115).

Park, Wilson und Lee (2004) untersuchten in ihrer Studie den Einfluss von sozialer Unterstützung auf Depressionen und Arbeitsstress. Dabei konnten sie zeigen, dass die soziale Unterstützung bei der Arbeit einen positiven Einfluss hat. So geht eine soziale

Unterstützung nach dieser Studie mit einem geringen Erkrankungsrisiko für Depressionen einher (Park et al., 2004, S. 444, 452).

Bei dem Mediatormodell wird davon ausgegangen, dass die soziale Unterstützung indirekt wirkt und ein bestimmter Vermittlungsprozess ausgelöst wird (Knoll et al., 2017, S. 152). Der Vermittler oder Mediator kann dabei zum Beispiel weniger negative Emotionen oder das eigene Gesundheitsverhalten sein (Kienle et al., 2006, S. 115). Niemann (2019) weist daraufhin, dass die Studienlage zu diesem Modell sehr uneinheitlich ist (S. 69), weshalb hierauf nicht weiter eingegangen wird.

Abschließend ist anzumerken, dass soziale Unterstützung nicht immer einen positiven Effekt haben muss. Vor allem bei Trauernden kann es vorkommen, dass diese sich in ihrer Hilflosigkeit bestätigt fühlen und dadurch die Entstehung einer psychischen Störung gefördert wird (Kienle et al., 2006, S. 116).

2.2 Einfluss dysfunktionaler Kognitionen auf die Entstehung und Aufrechterhaltung psychischer Störungen

Kognitionen spielen im Rahmen der kognitiven Verhaltenstherapie bei der Entstehung und Aufrechterhaltung von psychischen Störungen eine zentrale Rolle (Hoyer & Härtling, 2018, S. 314). Nach Stangier (2018) beschäftigt sich die Kognitive Psychologie „mit der Wahrnehmung und Verarbeitung von Informationen und den hierbei beteiligten Prozessen des Gedächtnisses und der Sprache sowie des Denkens, Schlussfolgerns und Problemlösens" (S. 64). Laut Hoyer und Härtling (2018) sind Kognitionen bei nahezu allen psychischen Störungen beteiligt (S. 314). Das Wort dysfunktional bedeutet soviel wie wirkungslose Leistungen und unangebrachte Merkmale und Eigenschaften eines Objekts (Sauerland, 2018, S. 8). Unter dysfunktionaler Kognition werden demnach Gedanken verstanden, die einer inneren Blockade gleich kommen und es dadurch erschwert wird, die eigenen Ziele zu erreichen (Kamp, Braun & Gail, 2019, S. 154). Ziel der kognitiven Therapie ist es deshalb, dysfunktionale Kognitionen abzuwandeln und dadurch eine dauerhafte therapeutische Verbesserung zu erzielen (Mühlig & Poldrack, 2011, S. 545).

Ertle, Jorrmann, Wahl und Kordon (2009) schreiben, dass im kognitiv-behavioralen Modell zur Erklärung psychischer Störungen die dysfunktionalen Kognitionen ein substanzieller Baustein sind. Nach diesem Modell sind es keine externen Vorfälle an sich, wie zum Beispiel eine Traumatisierung, Arbeitslosigkeit, Misserfolg oder Ähnliches, die zu persönlichen Beeinträchtigungen führen, sondern wie eine Person diese Erlebnisse auf der kognitiven Ebene anordnet (Ertle et al., 2009, S. 44). Nach Kamp und Co-Autoren (2019) sind dysfunktionale Kognitionen nicht vererbt, sondern über das Leben hinweg erlernte Verhaltens- und Denkmuster (S. 154). Wenn diese angeeigneten Muster dysfunktional sind, resultieren daraus unvorteilhafte Auffassungen von Erlebnissen, die wiederum zu ablehnenden Emotionen führen (Ertle et al, 2009, S. 44). Weiterhin weisen die Wissenschaftler darauf hin, dass das Grübeln und das Sorgen machen als kognitive Prozesse von Relevanz sind. Dysphorische Menschen die gerne und viel Grübeln lehnen Maßnahmen ab, die dem Grübeln entgegenwirken könnten und erleben länger und intensivere Phasen der Dysphorie als Personen, die eher weniger Grübeln (Ertle et al., 2009, S. 44–45).

Genau mit diesen Denkmustern beschäftigt sich die Kognitive Verhaltenstherapie (Kring, Johnson & Hautzinger, 2019, S. 70). Diese Form der Therapie geht auf Aaron Beck (1970) zurück, der den Hintergrund für depressive Störungen in dysfunktionalen kognitiven Schemata sieht (Berking & Radkovsky, 2012, S. 37). Mittlerweile findet der Ansatz von Beck aber auch bei anderen psychischen Störungen, wie zum Beispiel der Angststörung oder Essstörungen, seine Anwendung (Kring et al., 2019, S. 72).

Berking und Radkovsky (2012) verweisen darauf, dass die empirische Evidenz für das Modell von Beck trotz vieler Querschnitts- und experimentellen Studien nur bedingt gegeben ist (S. 38). Hautzinger und de Jong-Meyer (2003) ergänzen, dass empirische Untersuchungen zwar signifikante Zusammenhänge zwischen dysfunktionalen Kognitionen und Depressionen zeigen, aber daraus kein kausaler Effekt hergeleitet werden kann. Weiterhin schreiben die Wissenschaftler, dass vor und nach einer Depression keine ausgeprägten dysfunktionalen Kognitionen diagnostiziert werden (Hautzinger & de Jong-Meyer, 2003, S. 230). Im Folgenden werden nun zwei Studien zu dem Thema kurz vorgestellt.

Overton, Markland, Taggart, Bagshaw und Simpson (2008) untersuchten in einer Studie den Zusammenhang zwischen Selbst-Ekel und Depressionen. Aufgrund ihrer Ergebnisse schließen die Wissenschaftler darauf, dass Ekel die Beziehung zwischen dysfunktionalen Kognitionen und depressiver Symptomatik vermittelt (Overton et al., 2008, S. 383).

In einer anderen Studie wurde der Zusammenhang von dysfunktionalen Kognitionen und Essstörungen untersucht. Dazu haben Legenbauer, Vocks und Schütt-Strömel (2007) zwei Studien durchgeführt. Es konnte gezeigt werden, dass eine Korrelation zwischen

Essen und Kontrollverlust mit essensbezogenen Sorgen und Restriktionen zusammen-hängt. Weiterhin wurde ein Zusammenhang zwischen dysfunktionalen Kognitionen, die sich auf das Körperbild und den Selbstwert beziehen und Patienten mit Essstörungen ge-funden (Legenbauer et al., 2007, S. 207, 214).

3 Schritte des diagnostischen Prozesses im Rahmen einer psychotherapeutischen Intervention am Beispiel Substanzgebrauchsstörung

Am 26.Juni ist weltweit der internationale Tag gegen Drogenmissbrauch. Die meisten Menschen von uns, nehmen täglich Drogen ein. Sei es Kaffee oder Tee zum Frühstück, eine Zigarette, um den stressigen Alltag zu entgehen oder mal eben ein Erfrischungsgetränk, was beleben soll. Eine Flasche Bier oder ein Glas Wein am Abend zum Entspannen oder eine Schmerztablette gegen die Kopfschmerzen. Die aufgezählten Substanzen sind in Deutschland alle leicht zugänglich und führen dadurch nicht selten zu einem Substanzmissbrauch (Kring et al., 2019, S. 378).

Eine Substanzgebrauchsstörung liegt laut ICD-10 vor, wenn der Konsum von Substanzen, wie zum Beispiel Alkohol, Nikotin, oder Opioiden eine höhere Priorität hat gegenüber Dingen, die früher als wichtiger angesehen wurden. Ein weiteres wichtiges Merkmal ist, dass ein großes Bedürfnis besteht, Substanzen zu konsumieren. Weiterhin gibt es Hinweise darauf, dass nach einer Zeit der Abstinenz, die Wahrscheinlichkeit hoch ist, dass wieder zur Substanz gegriffen wird (Soyka, 1999, S. 36).

Im nachfolgenden Text wird ein Fallbeispiel zum Thema alkoholbezogene Substanzgebrauchsstörung geschildert. Anhand dieses Fallbeispiels werden anschließend die einzelnen Schritte des diagnostischen Prozesses im Rahmen einer psychotherapeutischen Intervention erläutert.

3.1 Fallbeispiel: alkoholbezogene Substanzgebrauchsstörung

Paula S. ist 30 Jahre alt und erfolgreiche Werbetexterin, als sie beschließt, dass sie ihr Leben aufräumen muss. Nach jahrelanger Abhängigkeit erkennt sie für sich, dass sie ein Problem mit Alkohol hat. Nach einem Gespräch mit ihrer Hausärztin und einem Outing bei der Familie und den Freunden als alkoholabhängig, begibt sie sich in eine stationäre Behandlung in eine Fachklinik für Suchtkranke.

Paula S. trinkt seit ihrem 13ten Lebensjahr regelmäßig Alkohol. Dazwischen gibt es immer wieder Episoden, in denen sie gar keinen Alkohol trinkt. Die längste Phase der Abstinenz war mit Anfang 20, als Paula S. zwei Jahre keinen Alkohol trank.

Nach einem Umzug in eine andere Stadt sucht sich Paula S. schnell nur noch Freunde, die sich ebenfalls dem Alkohol gerne hingeben. Auf der Arbeit kann sie ihre Sucht gut verstecken in dem sie drei Tage arbeitet und sich drei Tage hemmungslos betrinkt und anschließend ausnüchtert. Wenn sie abends an Texten schreibt, trinkt sie dabei immer Wein, weil sie denkt, dass der Alkohol die Kreativität fördert, wobei sie immer am folgenden Morgen sieht, dass die Texte nicht ihren Anspruch genügen und miserabel sind.

3.2 Der diagnostische Prozess

Der diagnostische Prozess im Rahmen einer psychotherapeutischen Behandlung ist ein sehr komplexer Vorgang. Bevor auf diesen Prozess näher eingegangen wird, wird kurz erläutert, was der diagnostische Prozess überhaupt ist.

Der diagnostische Prozess ist in jeder Phase der psychotherapeutischen Behandlung von hoher Bedeutung (Lutz, 2018, S. 228). Laut Perrez (1985) dient die Diagnostik insgesamt fünf Teilbereichen (zitiert nach Reinecker-Hecht & Baumann, 2005, S. 128): (1) Beschreibung, (2) Klassifikation, (3) Erklärung, (4) Prognose und (5) Evaluation. Die einzelnen Punkte können, entsprechend nach Laireiter (2001) sowie Reinecker-Hecht und Baumann (2005), wie folgt beschrieben werden. Zu Beginn erfolgt eine Beschreibung der vorhandenen Symptome, die anschließend in eine Klassifikation eingeordnet werden. Klassifikation meint dabei, die Symptome in eine Kategorie und somit eine Diagnose im Rahmen der Internationalen Klassifikation der Krankheiten (ICD) in der 10. Revision (ICD-10) oder im Rahmen von Forschungszwecken in das Diagnostische und Statistische Manual Psychischer Störungen (DSM) einzuordnen. Dies dient der Vereinfachung in der Kommunikation zwischen dem Fachpersonal. Im Schritt Erklärung geht es darum, die Verhaltens- und Erlebensweise der Symptomatik zu verstehen. In diesem Schritt wird überprüft, ob die aufgestellten Hypothesen zu verschiedenen Erklärungsmodellen passen. Mit der Prognose möchte die behandelnde Person, einen möglichen Verlauf der Symptomatik mit Therapie und ohne Therapie aufzeigen. Dazu gehört ebenso, die Einschätzung, ob eine Therapierbarkeit und eine Erfolgsaussicht auf Heilung gegeben sind. Im Zuge der Evaluation wird der diagnostische Prozess überprüft. Dabei kann zum Beispiel festgestellt werden, dass eine aufgestellte Diagnose nochmals revidiert werden muss oder weitere Testungen notwendig sind (Laireiter, 2001, S. 90–91; Reinecker-Hecht & Baumann, 2005, S. 129).

Entsprechend nach Margraf und Schneider (2018) steht zu Beginn jeder Diagnostik der Beziehungsaufbau und der erste Eindruck vom Patienten. Zu dem ersten Eindruck über den Patienten gehört, dass die Beschwerden für das Aufsuchen des Fachpersonals geklärt werden. Bei Kliniken ist es üblich, dass diese nach dem ersten telefonischen Kontakt einen persönlichen Fragebogen an den Patienten senden (Margraf & Schneider, 2018, S. 274). In diesem Fragebogen werden zum Beispiel erste biographische Informationen und die bisherige Krankengeschichte erhoben (Wittchen & Hoyer, 2011, S. 389–390). Auf dieser Grundlage kann das spätere Erstgespräch in der Klinik zwischen dem Therapierenden und dem Patienten effektiver durchgeführt werden (Margraf & Schneider, 2018, S. 274).

Wenn die zu behandelnde Person sich bei dem Therapierenden, zum Beispiel einen psychologischen Psychotherapeuten, vorstellt, beginnt der eigentliche diagnostische Prozess. Entsprechend der Fachbücher sind die Diagnostik und die Erhebungsmethoden, die entscheidenden Schritte für eine adäquate Behandlung von psychopathologischen Erscheinungen (Kring et al., 2019, S. 88; Wittchen & Hoyer, 2011, S. 384).

Im Fall von Paula S. wird über die Diagnostik abgeklärt, ob neben einer Substanzgebrauchsstörung noch Komorbiditäten, wie eine Depression oder Angststörung vorliegen (Kasper & Volz, 2014, S. 91, 93). Um dies herauszufinden, beginnt die Diagnostik meist mit einem klinischen Interview mit dessen Hilfe eine zuverlässige Diagnose gestellt werden soll (Kring et al., 2019, S. 89; Margraf & Schneider, 2018, S. 277). Kring und Kollegen (2019) schreiben, dass ein klinisches Interview ein großes Geschick durch den Interviewenden braucht. So muss zum Beispiel auf die kleinen Nuancen in der Schilderung des Patienten geachtet werden (S. 108). Des Weiteren muss die oder der Behandelnde darauf achten, dass sie oder er den zu Behandelnden mit seinen eigenen Verhalten nicht beeinflusst (Wittchen & Hoyer, 2011, S. 390). Nach Margraf und Schneider (2018) kann das klinische Interview als strukturiertes oder standardisiertes Interview durchgeführt werden, oder anhand einer Checkliste. Checklisten können zum Beispiel die Internationale Diagnosen Checklisten für ICD-10 (IDCL) und ICD-10 Symptom Checkliste für psychische Störungen (SCL) von der Weltgesundheitsorganisation sein Testzentrale Göttingen, 2017, S. 269). Dabei erlaubt die SCL bei einen ersten kurzen Patientenkontakt eine grobe Einordnung der genannten Symptome in das Klassifikationssystem des ICD-10. Die IDCL ergänzt das Screening-Verfahren des SCL, indem unter Berücksichtigung der Forschungskriterien eine genaue Diagnose entsprechend der Definitionen des ICD-10 Systems gegeben werden kann Testzentrale Göttingen, 2017, S. 269). Eine andere

Alternative sind Entscheidungsbäume, wie sie zum Beispiel im „Handbuch der Differenzialdiagnosen – DSM-5" vorgestellt werden First, 2017). Beiden Methoden dienen nur als Leitfaden und geben kein konkretes Vorgehen im Rahmen des diagnostischen Prozesses vor Margraf & Schneider, 2018, S. 277).

Im Rahmen der bisherigen Informationen kann die behandelnde Person, eine erste Einordnung in die Klassifikation des ICD-10 vornehmen. Demnach wurde Paula im ersten Schritt die Klasse „F10 Psychische und Verhaltensstörungen durch Alkohol" zugeordnet. Nach Kring und Co-Autoren (2019) ist das Grundsymptom einer Substanzgebrauchsstörung der problematische Konsum einer Substanz, wie Alkohol, Nikotin oder Opioide. Eine Substanzgebrauchsstörung liegt vor, wenn mindestens zwei Kriterien, die in Tabelle 1 dargestellt sind, über eine Dauer von mindestens einem Jahr bei dem Betroffenen vorhanden ist (Kring et al., 2019, S. 379).

Für Paula S. kann festgestellt werden, dass insgesamt vier Grundsymptome vorliegen. Nach Kring und Kollegen (2019) liegt bei vier bis fünf zutreffenden Merkmalen eine moderate Störung vor.

In diesem zweiten Schritt werden, aber noch weitere diagnostische Test für eine zuverlässige und umfassende Beurteilung des psychopathologischen Befunds durchgeführt (Wittchen & Hoyer, 2011, S. 390). Für Menschen mit Alkoholproblemen wird von Kienast, Lindenmeyer, Löb, Löber und Heinz (2007) ein sogenanntes Screening-Verfahren empfohlen. Ein Screening-Verfahren ist ein Fragebogen, der durch den Patienten bearbeitet wird. Für Menschen mit Alkoholproblemen wird unter anderem der „Lübecker Alkoholabhängigkeits- und -missbrauchs-Screening Test" (LAST) von Rumpf und John empfohlen (Kienast et al., 2007, S. 35–36). Ein weiterer Test ist die „Skala zur Erfassung der Schwere der Alkoholabhängigkeit" (SESA) (Testzentrale Göttingen, 2017, S. 369). Entsprechend der Website der Testzentrale Göttingen (o. J.) ist der LAST ein kurzer Test, der leicht auswertbar ist. Der Test gibt eine Einschätzung, ob eine Alkoholabhängigkeit oder ein Alkoholmissbrauch vorliegt. Weiterhin ist der Test ebenso gegenüber einen Risikokonsum sensitiv. Der Test besteht aus insgesamt sieben, dichotomen Items, die mit „ja" oder „nein" beantwortet werden (Testzentrale Göttingen, o. J.). Hingegen gibt der SESA einen Einblick in den Schweregrad der Alkoholabhängigkeit eines Patienten. Bei diesem Test werden insgesamt 28 Items erhoben, die neben dem Trinkverhalten auch Entzugssymptome und Toleranzsteigerungen erfassen (Testzentrale Göttingen, 2017, S. 369).

Diagnosemerkmale	auf Paula S. zutreffend
Die Alltagsfunktionen im sozialen und beruflichen Umfeld sind eingeschränkt.	x
Verpflichtungen werden vernachlässigt.	
Der Substanzkonsum findet in gefährlichen Situationen statt, zum Beispiel bei der Teilnahme im Straßenverkehr.	
Es bestehen anhaltende Beziehungsprobleme aufgrund des Substanzkonsums.	
Es findet ein Konsum statt, obwohl körperliche und soziale Probleme durch diesen ausgelöst wurden.	x
Es ist eine Toleranzentwicklung vorhanden, d. h. es werden größere Mengen für die gleiche Wirkung benötigt.	
Es sind Entzugssymptome vorhanden.	
Es besteht während des Konsums ein Kontrollverlust, d. h. es wird mehr konsumiert als geplant.	x
Eine Reduktion des Konsums gelingt nicht. Es liegt ein Steuerungsverlust vor.	
Es wird eine beträchtliche Zeit für die Beschaffung der Substanz aufgewendet.	
Aktivitäten im sozialen und beruflichen Bereich, wie zum Beispiel Hobbys, werden reduziert oder aufgegeben.	x
Es besteht ein heftiges Verlangen nach der Substanz (Suchtdruck).	

Tabelle 1: Kriterien für eine Substanzgebrauchsstörung am Fallbeispiel Paula S.
(Quelle: Eigene Darstellung in Anlehnung an Kring et al., 2019, S. 379)

Da Paula S. beschreibt, dass sie den Alkohol unter anderem trinkt, um ihre Kreativität zu fördern, könnte an dieser Stelle ebenso über Test aus dem kognitiven Bereich nachgedacht werden, um eine neuro-kognitive Störung auszuschließen (First, 2017, S. 168–171).

Ein weiterer wichtiger Punkt für die Einordnung der Störung ist eine zeitliche Betrachtung der Symptome, Syndrome und Störungen (Wittchen & Hoyer, 2011, S. 391). Nach Caspar, Pjanic und Westermann (2008) wird dies auch Anamnese genannt. Mithilfe der

Anamnese wird versucht die Entstehung für die psychische Störung sowie deren fördernden und auslösenden Stressoren zu identifizieren. Dabei wird unter anderem nach psychischen Störungen in der Familie gefragt und nach Komplikationen während der eigenen Geburt. Weitere wichtige Bereiche sind die Beziehung zu Bezugspersonen über die Lebensspannen hinweg, Persönlichkeitseigenschaften und der eigene Umgang mit Leistungssituationen. Des Weiteren geht es um Stressoren, die zum Beispiel im Rahmen einer körperlichen Erkrankung aufgetreten sein könnten oder mögliche Verluste im privaten und beruflichen Bereich (Caspar et al., 2008, S. 20). Diese Form der Anamnese ist wichtig, um die Ursachen für eine Störung zu erkennen, aber auch um die Diagnose korrekt stellen zu können (Wittchen & Hoyer, 2011, S. 391–392). Im Fall von Paula S. konnte herausgefunden werden, dass sie als Jugendliche mithilfe des Alkohols den Leistungsdruck während des Abiturs und im Studium kompensieren wollte.

Durch die bisher gewonnenen Erkenntnisse im diagnostischen Prozess kann die Diagnose von Paula S. auf die vierte Stelle des klinischen Zustandsbildes erweitert werden. Demnach besteht bei Paula S. ein Abhängigkeitssyndrom (F10.2). Diese Form der Abhängigkeit entwickelt sich, laut Dilling und Freyberger (2016), durch den wiederholten Gebrauch von Substanzen. Bei diesem Syndrom besteht ein starker Wunsch die Substanz wieder einzunehmen und eine verminderte Kontrolle über die Menge der Einnahme. Weiterhin wird die Substanz trotz schädlicher Folgen immer wieder eingenommen (Dilling & Freyberger, 2016, S. 76–77). Diese Beschreibung deckt sich mit den Erkenntnissen über Paula S. aus der Tabelle 1.

Paula S. klagt im Rahmen ihres Klinikaufenthaltes immer wieder von Kopfschmerzen, Übelkeit und Schwitzen gegenüber dem pflegerischen Personal. Durch weitere klinische Interviews mit Pauls S. konnte aufgrund dieser Symptome herausgefunden werden, dass sie aktuell zusätzlich unter einem Alkoholentzugssyndrom (F10.3) leidet. Die Kriterien für dieses Syndrom sind erfüllt, wenn mindestens drei Symptome vorhanden sind. Zu den Symptomen zählen unter anderem: (1) Tremor, der vorgehaltenen Händen, der Zunge oder der Augenlider; (2) Schwitzen; (3) Übelkeit, Würgen und Erbrechen, (4) Kopfschmerzen, (5) Krankheitsgefühl und Schwäche oder (6) Krampfanfälle (Dilling & Freyberger, 2016, S. 79–80).

Nach dem die Schritte Klassifikation und Erklärung abgeschlossen sind, kann zur Indikationsentscheidung und Therapieplanung übergegangen werden. Im Rahmen der Indikation wird, entsprechend nach Fydrich (2012), geklärt, ob eine Psychotherapie angezeigt ist. Wenn diese Frage mit „ja" beantwortet wird, stellt sich die Frage, in welchem Maß diese sinnvoll ist. Dabei wird geschaut, welches Therapieverfahren für den Patienten geeignet ist. Im dritten Schritt der Indikation geht es um die Frage, wie die Maßnahmen an den Patienten angepasst werden müssen, damit diese wirksam sind (Fydrich, 2012, S. 527). Kring und Co-Autoren (2019) schreiben, dass eine stationäre Behandlung bei einer Alkoholerkrankung heutzutage nur noch für die Zeit des Entzugs gängig ist. Anschließend wird eine Verhaltenstherapie bei einem niedergelassenen Therapeuten empfohlen (Kring et al., 2019, S. 406). Für Paula S. könnte diese Variante gut passen, da sie ihr Problem selbst eingesehen hat und sich für professionelle Unterstützung entschieden hat. Für Paula S. besteht im Rahmen des stationären Entzugs eine intensive Betreuung und sie kann sich von ihrem „neuen" sozialen Umfeld, in dem gerne getrunken wird bewusst lösen. Nach Bühringer (2005) ist die Behandlung von Alkoholabhängigen sehr komplex. Ein wichtiger Bestandteil der Therapie sind Gruppentherapien und eine Reorganisation des privaten und beruflichen Lebens. Dazu gehört neben der Arbeits- und Beschäftigungstherapie auch eine Sporttherapie sowie die Mitwirkung innerhalb der Klinik. In der anschließenden ambulanten Verhaltenstherapie wird ein individueller Therapieplan für den Patienten erarbeitet, der die Bedürfnisse der erkrankten Person deutlich mehr berücksichtigt. Des Weiteren wird ein verstärktes Augenmerk auf die Rückfallprävention gelegt (Bühringer, 2005, S. 791–792).

Wie bereits zu Beginn geschrieben, bedarf es einer Evaluation des diagnostischen Prozesses. Diese Evaluation findet, laut Wittchen und Hoyer (2011), während des kompletten therapeutischen Prozesses statt. Mithilfe des diagnostischen Methodenkoffers wird immer wieder überprüft, ob die Therapie erfolgreich ist, oder die Maßnahmen an den Patienten und die aktuelle Situation angepasst werden müssen. Genauso findet fortwährend eine Überprüfung der Diagnose statt, da sich diese eventuell im Rahmen der Therapie nochmals verändern kann, wenn zum Beispiel neue, bisher unbekannte Aspekte hinzukommen oder Komorbiditäten auftreten, die zu Beginn nicht ersichtlich waren (Wittchen & Hoyer, 2011, S. 414–415).

Literaturverzeichnis

Berk, L. E. (2005). *Entwicklungspsychologie* (3.). München: Pearson.

Berking, M. & Radkovsky, A. (2012). Affektive Störungen und Suizidalität. In M. Berking & W. Rief (Hrsg.), *Klinische Psychologie und Psychotherapie für Bachelor - Band I: Grundlagen und Störungswissen* (1., S. 29–68). Berlin; Heidelberg: Springer-Verlag. https://doi.org/10.1007/978-3-642-16974-8_4

Bühringer, G. (2005). Störungen durch psychotrope Substanzen: Intervention. In M. Perrez & U. Baumann (Hrsg.), *Lehrbuch Klinisch Psychologie - Psychotherapie* (3., S. 782-807). Bern: Verlag Hans Huber.

Caspar, F., Pjanic, I. & Westermann, S. (2008). Klinische Psychologie (1.). Wiesbaden: Springer VS. https://doi.org 10.1007/2F978-3-531-93317-7

Cederblad, M., Dahlin, L., Hagnell, O. & Hansson, K. (1995). Intelligence and temperament as protective factors for mental health. A cross-sectional and prospective epidemiological study. *European Archices of Psychiatry and Clinical Neuroscience, 245*, 11–19. https://doi.org/10.1007/BF02191539

Cederblad, M., Hagnell, O. & Hansson, K. (1994). Salutogenic childhood factors reported by middle-aged individuals. Follow-up of the children from the Lundby study grown up in families experiencing three or more childhood psychiatric risk factors. *European Archices of Psychiatry and Clinical Neuroscience, 244*(1), 1–11. https://doi.org/10.1007/bf02279805

Clauss, J. A. & Blackford, J. U. (2012). Behavioral Inhibition and Risk for Developing Social Anxiety Disorder: A Meta-Analytic Study. *Journal of the American Academy of Chilf & Adolescent Psychiatry, 51*(10), 1066–1075. https://doi.org/10.1016/j.jaac.2012.08.002

Cobb, S. (1976). Social support as a moderator of life stress. *Psychosomatic Medicine, 38*(5), 300–314. https://doi.org/10.1097/00006842-197609000-00003

Dilling, H. & Freyberger, H. J. (2016). ICD-10: Taschenführer zur ICD-10-Klassifikation psychischer Störungen (8.). Bern: Hogrefe.

Ertle, A., Jorrmann, J., Wahl, K. & Kordon, A. (2009). Sagen dysfunktionale Kognitionen den Therapieerfolg voraus? *Zeitschrift für Klinische Psychologie und Psychotherapie,*

38(1), 44–51. https://doi.org/10.1026/1616-3443.38.1.44

First, M. B. & Rief, W. (Hrsg.) (2017). Handbuch der Differenzialdiagnosen – DSM-5 (1.). Göttingen: Hogrefe.

Forbes, M. K., Rapee, R. M., Camberis, A.-L. & McMahon, C. A. (2017). Unique Associations between Childhood Temperament Characteristics and Subsequent Psychopathology Symptom Trajectories from Childhood to Early Adolescence. *Journal of Abnormal Child Psychology, 45*(6), 1221–1233. https://doi.org/10.1007/s10802-016-0236-7

Fydrich, T. (2012). Diagnostik in der Klinischen Psychologie. In L. Schmidt-Atzert & M. Amelang (Hrsg.), *Psychologische Diagnostik* (5., S. 503-535). Berlin; Heidelberg: Springer Medizin.

Hautzinger, M. & de Jong-Meyer, R. (2003). Depressionen. In H. Reinecker (Hrsg.), *Lehrbuch der Klinischen Psychologie und Psychotherapie: Modelle psychischer Störungen* (4., S. 215–258). Göttingen: Hogrefe.

Heinrichs, N. & Lohaus, A. (2011). *Klinische Entwicklungspsychologie kompakt: Psychische Störungen im Kindes- und Jugendalter* (1.). Weinheim: Beltz.

Hoyer, J. & Härtling, S. (2018). Kognitionsdiagnostik. In J. Margraf & S. Schneider (Hrsg.), *Lehrbuch der Verhaltenstherapie - Band 1 Grundlagen, Diagnostik, Verfahren und Rahmenbedingungen psychologischer Therapie* (4., S. 313–328). Berlin: Springer. https://doi.org/10.1007/978-3-662-54911-7_20

Jäger, S. & Franke, G. H. (2010). Der Fragebogen zur sozialen Unterstützung: Psychometrische Prüfung an einer Stichprobe Studierender. *Klinische Diagnostik und Evaluation, 3*, 427–446.

Kamp, J., Braun, O. L. & Gail, K. (2019). Positive Psychologie und die Reduzierung Dysfunktionaler Kognitionen. In O.L. Braun (Hrsg.), *Positive Psychologie, Kompetenzförderung und Mentale Stärke: Gesundheit, Motivation und Leistung fördern* (1., S. 153–174). Berlin; Heidelberg: Springer. https://doi.org/10.1007/978-3-662-59665-4_8

Kasper, S. & Volz, H.-P. (2014). *Psychiatrie und Psychotherapie compact: Das gesamte Facharztwissen* (3.). Stuttgart: Georg Thieme Verlag.

Khanlou, N. & Wray, R. (2014). A Wohle Community Approach toward Child and Youth Resilience Promotion: A Review of Resilience Literature. *Journal of Mental Health &*

Addiction, 12(1), 64–79. https://doi.org/10.1007/s11469-013-9470-1

Kienle, R., Knoll, N. & Renneberg, B. (2006). Soziale Ressourcen und Gesundheit: soziale Unterstützung und dyadisches Bewältigen. In B. Renneberg & P. Hammelstein (Hrsg.), *Gesundheitspsychologie* (1., S. 107–122). Heidelberg: Springer Medizin. https://doi.org/10.1007/978-3-540-47632-0_7

Kienast, T., Lindenmeyer, J., Löb, M., Löber, S. & Heinz, A. (2007) Alkoholabhängigkeit: Ein Leitfaden zur Gruppentherapie (1.). Stuttgart: Kohlhammer.

Knoll, N., Scholz, U. & Rieckmann, N. (2017). *Einführung Gesundheitspsychologie* (4.). München: Ernst Reinhardt Verlag.

Kraemer, H. C., Kazdin, A. E., Offord, D. R., Kessler, R. C., Jensen, P. S. & Kupfer, D. J. (1997). Coming to Terms With the Terms of Risk. *Archives of General Psychiatry, 54*(4), 337–343. https://doi.org/10.1001/archpsyc.1997.01830160065009

Kring, A. M., Johnson, S. L. & Hautzinger, M. (2019). *Klinische Psychologie* (9.). Weinheim; Basel: Beltz.

Laireiter, A. (1993). Begriffe und Methoden der Netzwerk- und Unterstützungsforschung. In A. Laireiter (Hrsg.), *Soziales Netzwerk und soziale Unterstützung: Konzepte, Methoden und Befunde* (1., S. 15–44). Bern: Verlag Hans Huber.

Laireiter, A.-R. (2001). Diagnostik in der Psychotherapie. *Psychotherapeut, 46*(2), 90–101.

Legenbauer, T., Vocks, S. & Schütt-Strömel, S. (2007). Dysfunktionale Kognitionen bei Essstörungen: Welche Inhaltsbereiche lassen sich unterscheiden? *Zeitschrift für Klinische Psychologie und Psychotherapie, 36*(3), 207–215. https://doi.org/10.1026/1616-3443.36.3.207

Lutz, W. (2018). Klinische Diagnostik: Anamnese, Exploration, psychometrische Ansätze. In F. Petermann, A. Maercker, W. Lutz & U. Stangier (Hrsg.), *Klinische Psychologie - Grundlagen* (2., S. 225–248). Göttingen: Hogrefe.

Margraf, J. & Schneider, S. (2018). Diagnostik psychischer Störungen mit strukturierten Interviews. In J. Margraf & S. Schneider (Hrsg.), *Lehrbuch der Verhaltenstherapie - Band 1 Grundlagen, Diagnostik, Verfahren und Rahmenbedingungen psychologischer Therapie* (4., S. 273–286). Berlin: Springer. https://doi.org/10.1007/978-3-662-54911-

7_17

Martin, A. & Schieber, K. (2016). Psychologische Grundkonzepte der Verhaltensmedizin. In U. Ehlert (Hrsg.), *Verhaltensmedizin* (2., S. 43–63). Berlin; Heidelberg: Springer-Verlag. https://doi.org/10.1007/978-3-662-48035-9

Masten, S., Cutuli, J. J. & Gabrielle-Reed, M. J. (2009). Resilience in development. In C.R. Snyder & S.J. Lopez (Hrsg.), *The handbook of positive psychology* (1., S. 117–131). New York: Oxford University Press.

Mühlig, S. & Poldrack, A. (2011). Kognitive Therapieverfahren. In H.-U. Wittchen & J. Hoyer (Hrsg.), *Klinische Psychologie & Psychotherapie* (2., S. 543–564). Berlin; Heidelberg: Springer Medizin. https://doi.org/10.1007/978-3-642-13018-2_25

Niemann, D. (2019). *Die Rolle des Partners und der Partnerin bei der Bewältigung arbeitsbedingter Belastungen: Der interaktive Prozess der sozialen Unterstützung in Paarbeziehungen* (1.). Wiesbaden: Springer Fachmedien. https://doi.org/10.1007/978-3-658-24906-9

Noeker, M. & Petermann, F. (2008). Resilienz: Funktionale Adaptation an widrige Umgebungsbedingungen. *Zeitschrift für Psychiatrie, Psychologie und Psychotherapie, 56*(4), 255–263. https://doi.org/10.1024/1661-4747.56.4.255

Oerter, R., Altgassen, M. & Kliegel, M. (2011). Entwicklungspsychologische Grundlagen. In H.-U. Wittchen & J. Hoyer (Hrsg.), *Klinische Psychologie & Psychotherapie* (?, 3. 301–317). Berlin; Heidelberg: Springer Medizin. https://doi.org/10.1007/978-3-642-13018-2_12

Overton, P. G., Markland, F. E., Taggart, H. S., Bagshaw, G. L. & Simpson, J. (2008). Self-Disgust Mediates the Relationship Between Dysfunctional Cognitions and Depressive Symptomatology. *Emotion, 8*(3), 379–385. https://doi.org/10.1037/1528-3542.8.3.379

Park, K.-O., Wilson, M. G. & Lee, M. S. (2004). Effects of Social Support at Work on Depression and Organizational Productivity. *American Journal of Health Behavior, 28*(5), 444–455. https://doi.org/10.5993/ajhb.28.5.7

Perrez, M. (1985). Diagnostik in der Psychotherapie – an anachronistisches Ritual?. *Psychologische Rundschau, 36*, 106-109.

Petermann, F. (2018). Entwicklungspsychopathologische Grundlagen. In F. Petermann, A. Maercker, W. Lutz & U. Stangier (Hrsg.), *Klinische Psychologie - Grundlagen* (2., S. 91–116). Göttingen: Hogrefe.

Petermann, F. & Stangier, U. (2018). Lern- und sozialpsychologische Grundlagen. In F. Petermann, A. Maercker, W. Lutz & U. Stangier (Hrsg.), *Klinische Psychologie - Grundlagen* (2., S. 33-61). Göttingen: Hogrefe.

Reinecker-Hecht, C. & Baumann, U. (2005). Klinische-psychologische Diagnostik: Allgemeine Gesichstpunkte. In M. Perrez & U. Baumann (Hrsg.), *Lehrbuch klinische Psychologie - Psychotherapie* (3., S. 128–146). Bern: Huber.

Röper, G. (2004). Schutzfaktoren als Dritte im Bunde: Interne Schutzfaktoren und affektiv-kognitive Entwicklung als Wirkfaktoren in der Therapie. In B. Metzmacher & F. Wetzorke (Hrsg.), *Entwicklungsprozesse und die Beteiligten: Perspektiven einer schulübergreifenden Kinder- und Jugendlichenpsychotherapie* (1., S. 239–253). Göttingen: Vandenhoeck & Ruprecht.

Rutter, M., Tizard, J., Yule, W., Graham, P. & Whitemore, K. (1976). Isle of Wight Studies, 1964 - 1974. *Psychological Medicine*, *6*(2), 313–332. https://doi.org/10.1017/S003329170001388X

Saltzman, K. M. & Holahan, C. J. (2002). Social support, self-efficacy and depressive symptoms: An integrative model. *Journal of Social and Clinical Psychology*, *21*(3), 309–322. https://doi.org/10.1521/jscp.21.3.309.22531

Sauerland, M. (2018). *Design Your Mind! Denkfallen entlarven und überwinden: Mit zielführendem Denken die eigenen Potenziale voll ausschöpfen* (2.). Wiesbaden: Springer Gabler. https://doi.org/10.1007/978-3-658-21462-3

Schieman, S. & Meersman, S. C. (2004). Neighborhood Problems and Health Among Older Adults: Received and Donated Social Support and the Sense of Mastery as Effect Modifiers. *Journal of Gerontology*, *59B*(2), 89–97. https://doi.org/10.1093/geronb/59.2.S89

Schwarzer, R. (2004). *Psychologie des Gesundheitsverhaltens: Einführung in die Gesundheitspsychologie* (3.). Göttingen: Hogrefe.

Soyka, M. (1999). Alkoholabhängigkeit: Grundlagen und Therapie (1.). Berlin; Heidelberg: Springer-Verlag.

Stangier, U. (2018). Kognitionspsychologische Grundlagen. In F. Petermann, A. Maercker, W. Lutz & U. Stangier (Hrsg.), *Klinische Psychologie - Grundlagen* (2., S. 63–90). Göttingen: Hogrefe.

Testzentrale Göttingen (o. J.). LAST: Lübecker Alkoholabhängigkeits- und -missbrauchs-Screening-Test. Zugriff am 09.07.2020. Verfügbar unter: https://www.testzentrale.de/shop/luebecker-alkoholabhaengigkeits-und-missbrauchs-screening-test.html

Testzentrale Göttingen (2017). Testkatalog 2018/2019. Göttingen: Hogrefe.

Werner, E. E. (1993). Risk, resilience, and recovery: Perspectives from the Kauai Longitudinal Study. *Development and Psychopathology*, *5*, 503–515. https://doi.org/10.1017/S095457940000612X

Werner, E. E. (1996). Vulnerable but invincible: High risk children from birth to adulthood. *European Child & Adolescent Psychiatry*, *5*(1), 47–51. https://doi.org/10.1007/bf00538544

Werner, E. E. & Smith, R. S. (1977). *Kauai's children come of age* (1.). Honolulu: University of Hawaii Press.

Wittchen, H.-U. & Hoyer, J. (2011). Diagnostische Prozesse in der Klinischen Psychologie und Psychotherapie. In H.-U. Wittchen & J. Hoyer (Hrsg.), *Klinische Psychologie & Psychotherapie* (2., S. 384–418). Berlin; Heidelberg: Springer Medizin. https://doi.org/10.1007/978-3-642-13018-2_16

Wittchen, H.-U. & Jacobi, F. (2011). Epidemiologische Beiträge zur Klinischen Psychologie. In H.-U. Wittchen & J. Hoyer (Hrsg.), *Klinische Psychologie & Psychotherapie* (2., S. 57–90). Berlin; Heidelberg: Springer Medizin. https://doi.org/10.1007/978-3-642-13018-2_3